Friedrich Dürrenmatt • Das Nashorn schreibt der Tigerin

Das Nashorn schreibt der Tigerin

Bild-Geschichten von Friedrich Dürrenmatt

Herausgegeben und kommentiert von Charlotte Kerr

Aufbau-Verlag

»Zum Genie gehören eine besondere Art von Objektivität und ein Intuitionsvermögen, das üblicherweise dem Kind vorbehalten ist.«

Charles Baudelaire

»Ich glaube, der Humor ist der letzte Versuch der Objektivität, den man der Welt gegenüber hat. Ich glaube, dass man im Schreiben bewusst ..., das ist vielleicht etwas frech gesagt, aber man nimmt irgendwie die Stellung Gottes ein. Also, wenn es einen Gott gibt, muss er einen unendlichen Humor haben. Der muss wahnsinnig Freude haben, Welten in die Luft zu jagen, der ist wie ein Kind, das mit Zinnsoldaten spielt. Und da dem Moral oder sonst was anzudichten, nein, ich glaube, der hat einfach Freude am ganzen Spektakel. Und das hat unbewusst der kreative Mensch auch. Ich habe nie etwas geschrieben mit Hass. Ich habe einfach Freude an dem, was man kreiert.«

F. D. in: ›Portrait eines Planeten‹,
Film von Charlotte Kerr, 1984

5. Januar 1997

Eiszeit. Das westliche Europa liegt seit Wochen unter einer Schnee-Eis-Decke, der Nebel hängt als graue Glocke, ohne festliches Geläut, auch die Geräusche sind erstarrt, über dem Nebel soll Sonne sein, bei sibirischer Kälte, seit einer Woche steht der rote Maserati vor der Tür, jeden Tag lasse ich den Motor für eine Viertelstunde an, damit er nicht stirbt, den vereisten Berg hinunter wage ich mich nicht, hinauf komme ich nicht.
Ich bin gefangen.

Ich versuche zu arbeiten. Es geht nicht.
Ich bin deprimiert.

Ich habe die Zeichnungen von Nashorn und Tigerchen auf dem weissen Teppichboden ausgebreitet. Sie sollen die ›schwarzen Vögel‹ vertreiben wie damals, als Dürrenmatt sie für mich zeichnete.

Hinter den Zeichnungen, am Pilaster zwischen den zwei riesigen Fenstern, hinter denen die vereiste Welt liegt mit den kahlen Verästelungen der Bäume, den Horizontalen und Vertikalen der Dächer der fernen Stadt, den Wolkentürmen, den Lichtflecken auf dem See wie auf einer Schwarzweiss-Federzeichnung von F. D., lehnt mein Lieblingsfoto von Dürrenmatt: der in Ewigkeit schreibende Dürrenmatt. Er steht am Inspizientenpult des Basler Stadttheaters, zwischen Seilen und Gestänge, man ahnt das Sprachgewirr, die Geschäftigkeit, das Chaos einer Generalprobe, er steht in einsamer Konzentration, macht letzte Korrekturen. Den Kopf tief über das Papier gebeugt, den Bleistift, scharf gespitzt, steil über dem Papier angesetzt, unmittelbar über der Spitze gehalten von Daumen, Zeigefinger und Mittelfinger wie ein Meissel, bannt er die Gestalten, Gedanken, Bilder, die in ihm aufsteigen, formt sie. Die Welt um ihn existiert nicht, er kreiert seine eigene Welt: die Welt der Alten Dame und die von Akki, dem Bettler, die Welt der Physiker und die von Minotaurus im Labyrinth, von Atlas und Prometheus und Herkules, der Grosse Alte mit Bart ist da und der Grosse Alte ohne Bart, Mafia-Boss und Gott in Personalunion, die das Durcheinandertal, die Welt im Brennspiegel eines Kaffs samt Kurhaus, regieren, verwirren, in der Antarktis auf dem Haakon-Plateau sitzen zwischen Pinguinen und die Kaffeemühle drehen, die die Weltzeituhr ist, im Uhrzeigersinn und im Gegenuhrzeigersinn, Materie und Antimaterie in rasende Umdrehung schleudernd, bis das Durcheinandertal in Flammen aufgeht, verglüht, Raum gibt für eine neue Schöpfung.

Nashorn und Tigerchen sind Teil dieser Schöpfung.
Sie werden unser alter ego. Sie sind unsere ironische Position im Sein und führen unsere Zeit in voller Freiheit ad absurdum.

Angefangen hat alles im Zirkus.
Am 8. Dezember 1983.

Wohltätigkeitsveranstaltung der ›Abendzeitung‹ in München, im Circus Krone; wir sitzen mit Freund Maximilian Schell in einer Loge.

Stars führen unter Anleitung der Artisten eine Zirkusnummer vor, ohne Gage; der Gesamterlös kommt alten Künstlern und dem Kinder-Herzzentrum zugute.

Wenn's wirklich ›ernst‹ wird, führen die Artisten allein vor. So Fredy Knie die Glanznummer des Abends: Ein Rhinozeros und ein Tiger, frei in der Manege!

Ein Raubtierlaufgang wird hereingeschoben. Tusch. Die roten Sammetportieren öffnen sich. Herein trabt würdevoll ein Rhinozeros, dreht eine Runde, da reisst Fredy Knie die Falltür zum Raubtierlaufgang hoch, herein schiesst ein schlanker Tiger. Peitschenknall, hopp, sitzt er auf dem Nashorn, Peitschenknall, hopp, ist er unten, rast im Kreis, das Nashorn trabt seinen Nashorntrab. Peitschenknall, Diagonallauf, hopp, der Tiger sitzt auf dem Nashornrücken, Knall, runter, Knall, rauf, runter, das Nashorn kümmert's nicht, es trabt seinen Nashorntrab, zweimal Knall, der Tiger bleibt auf dem Nashornrücken sitzen, hechelt, à bout de souffle, das Nashorn schaut sich nicht einmal um, trabt weiter, eine Runde, zwei Runden, Peitschenknall, der Tiger springt ab, rast durch den

Raubtiergang ab, Falltür runter, das Nashorn trabt würdevoll eine Ehrenrunde, Tusch! Die livrierten Diener halten die roten Sammetportieren respektvoll weit, donnernder Applaus, das Nashorn kümmert's nicht, es trabt würdevoll ab, nur seine Nase, dünkt mich, trägt es etwas höher.

Zu Weihnachten schickt uns Maximilian ein grünes Rhinozeros und ein gestreiftes Tigerchen aus Plüsch: »Das seid ihr!«

Ich lebe noch in München.

Wie jeder alleinstehende Mensch mit Beruf habe ich einen Anrufbeantworter. Er ist ein Freund. Er hebt die Isolation auf. Er bringt Menschen zu dir, die dich wollen, jeder Anruf gilt dir, dir ganz persönlich – ein Fächer von Leben. Den tiefsten Sinn seiner Existenz aber erfährt mein Anrufbeantworter, nachdem ich Dürrenmatt kennengelernt habe. Seine warme Stimme mit dem breiten, etwas singenden Berner Tonfall nimmt ihn voll in Besitz. Die Stimme hat Zeit, so viel, dass manchmal das Band ausläuft. Sie erzählt mir Tagesgeschehen und Geschichten, die sie delegiert an die ständig wachsende Schreibtisch-Familie: an Jonathan, den Vier-Meter-Schreibtisch, an Emma und Eulalia, die Schreibtischlampen, an das lesbische Telefon, an den homoerotischen Kugelschreiber Lumpi und an Sebastian, den unter der Last des Schreibenden ächzenden Schreibtischstuhl. Es gibt Eifersuchtsdramen, Mordkomplotte und Schmachtarien. Alle Protagonisten sind verliebt in ›Joggeli‹; am verliebtesten aber ist das Nashorn in seine Tigerin!

Das Nashorn schreibt der Tigerin
Ich habe nichts als dich im Sinn
denn ich denke vorne
über meinem Nasenhorne
Unter meiner Stirn
liegt das dich liebende Gehirn
Hinten mit dem Schwanz da
Schreib ich meine Prosa
Tunk das Schwänzchen in ein Tintenfass
dichte dies und reime das
bald für Diogenes bald für Reiss
All das mach ich mit dem Steiss
Drum mein Tigerchen, glaube mir
ich bin ein dialektisch Tier
Schnauf ich durch die Nasenlöcher
fächelt Amor mit dem Fächer
Lass ich hinten einen Furz
gibts in der Literatur einen Wettersturz
Bald springst du auf, bald springst du ab
das Nashorn bleibt in seinem Trab
ob eine derart ungestüme Masse
zu meinem Tigerchen auch passe
Das ist die Frage die es quält

Das Nashorn schreibt der Tigerin
Ich habe nichts als dich im Sinn
denn ich denke vorne
über meinem Nasenhorne

Unter meiner
Stirn
Liegt das dich
Liebende Ge-
hirn

Hinten mit dem Schwanz da
schreib ich meine Prosa
Tunk das Schwänzchen in ein Tintenfass
dichte dies und reime das
bald für Diogenes bald für Raiss
All das mach ich mit dem Steiss
Drum meine Tigerchen, glaube mir
ich bin ein dialektisch Tier
schnauf ich durch die Nasenlöcher
fächelt Amor mit dem Fächer
Lass ich hinten einen Furz
gibts in der Literatur einen Wettersturz
Bald springst du auf, bald springst du ab
das Nashorn bleibt in seinem Trab
ob eine derart ungestüme Masse
zu meinem Tigerchen auch passe?
Das ist die Frage die es quält

Ist doch das Nashorn, wie man weiss
zoologisch auf einem Nebengleis
Als Tier evolutionär abgeschrieben
Warum soll das Tigerchen es lieben
Löwen, Panther, Leoparde, Jaguare
Alles prächtige Exemplare
Das denkt das Nashorn düster vorn
doch hinten schreibt es voller Zorn
Nashorn bin ich Nashorn bleib ich
Und was mir vor die Nase kommt vertreib ich

Es grüsst dich, mein Liebling
feierlich und gross
dein dich liebendes
Rinozeros

Ist doch das Nashorn, wie man weiss
Zoologisch ~~Längst~~ auf einem Neben-
glais
Als Tier ~~evolutionär~~ abgeschriebn
Worum soll das Tigerchen es lieben
Lowen, Panter, Leoparde, Jaguare
Alles prächtige Examplare
Das denn das Nashorn duster vorn
doch hinten schreibtes voller
zorn
Nashorn bin ich Nashorn bleib
ich
Und was mir vor die Nase
kommt
vertreib ich

Es grüsst dich, mein Liebling
feierlich und gern
dein dich Liebender
Rinozeros

DAS NASHORN KÜSST DAS TIGERLEIN
UND MÖCHTE GERN EIN TIGER SEIN

Am 8. Mai 1984 heiraten wir.

Die Schreibtischfamilie tritt wieder in ihre Funktion ein.

Das Nashorn-Rhinozeros aus grünem Plüsch und das schwarz-gelb gestreifte Tigerchen sind mitgekommen nach Neuchâtel.
Sie stehen auf dem schwarzen Lederbett und mopsen sich.

Wir sitzen vor dem abendlichen Fernsehen. Am liebsten sieht Dürrenmatt »driller« (›thriller‹ auf emmentalisch).
Heute ist ›Das schwarze Loch‹, Hauptrolle: Freund Maximilian Schell. Er spielt den bösen Herrscher einer ausserplanetarischen Welt, der unsere Erde vernichten will. Ein kleiner Roboter, Vinzenz, stellt sich ihm in den Weg: verrostet, klappernd vor Angst, aber mutig, lieb, ein bisschen dumm, immer bedroht, überlebt immer, rettet die Erde.
Wir verlieben uns in Vinzenz.
Und beschliessen, eine neue Familie zu gründen: Nashorn und Tigerchen, Vinzenz bekommt eine Vinzenza, frech, vorwitzig, kapriziös, und plötzlich ist auch ›Pallepittli‹ da, ›der Kleine‹.
›Pallepittli‹ kommt aus der Kindheit, als Dürrenmatt noch ›Pfarrers Fritzli‹ war. Er hatte eine kleine Freundin, Margrittli, die ihn jeden Tag zum Spielen abholte. »Glüessech, Hell Pfallel«, überhaspelte sich Margrittli, »bitte, Hell Pfallel, isch de Pallepittli deheime?«
Margrittli konnte kein ›r‹ sprechen.
Pallepittli kann auch kein ›r‹ sprechen. Die Familie ist entzückt, nimmt ›den Kleinen‹ auf, sie begleitet hinfort unser Leben.

Der Alltag beginnt.
Ich habe Angst vor dem Alltag.
Dürrenmatt liebt ihn.

»Wir werden eine Ehe führen
wie Herr Graf und Frau Gräfin.«

Wie immer hält Dürrenmatt Wort.
Er macht Ehe-Alltag mit Fantasie
zum Spiel.

GLAF LINOZELOS
UND P.P.
+ VINZENZ

GLÄFIN
TIGELEIN
MIT
VINZENZA

Erste Weihnacht in Neuchâtel.

Wir trinken Schnaps mit Ehemännern, deren Frauen Weihnachtsbäume schmücken, Gänse braten, Kinder-Rotznasen putzen, und füttern Entchen und Schwäne im See.

DIE
FAMILIE
WÜNSCHT
FLOHLICHE
WEIHNACHT

Neujahr mit Freunden in Gstaad.

DAS NASHOLN MIT FAMILIE TANZT INS NEUE JAHL

Das neue Jahr, das neue Leben bringt Personalprobleme.
Le Carré, der grosse englische Krimiautor, weiss auch da die Lösung:
»What you need is a butler, a retired homosexual Colonel of the British Army, driving a Rolls Royce.«

DAS LINOZEL-
OS
ALS BUTLEL

Die Tage zwischen Weihnachten und Neujahr sind die einzigen im Jahr, an denen Dürrenmatt nicht arbeitet. Sie fangen um den 20. Dezember an und enden am 5. Januar, seinem Geburtstag. Dann nimmt er seinen Platz am Schreibtisch, auf dem schwarzledernen Schreibtischsessel wieder ein, den roten Bleistift mit der langen Spitze wieder zwischen Daumen, Zeige- und Mittelfinger, dann beugt er sich wieder über das weisse Blatt Papier, dann bedeckt er es mit den ersten Buchstaben, Wörtern, Zeilen seiner kalligraphischen Schrift, dann fängt der ›Alltag‹ wieder an.
Der Alltag, den er liebte, das Gleichmass der Stunden, Tage, in dem Bilder aufsteigen, Gedanken sich formen können, Tage ohne Eigendynamik, Tage der Denkdynamik, unbeschrieben wie das weisse Blatt Papier.

LINOZELOS GIGAM·PFT

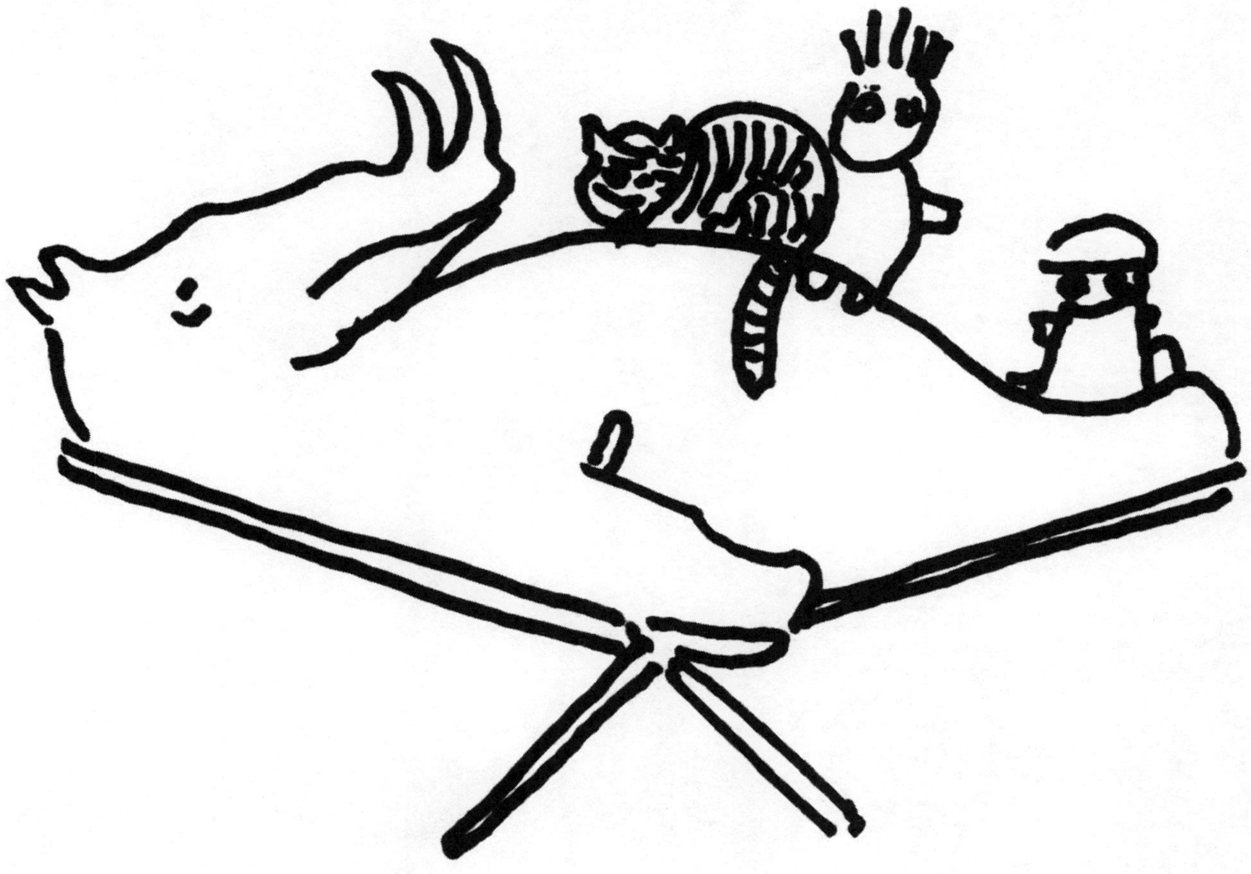

DIE FAMILIE VOL P.P IM JANUALLOCH
IM WINTELSCHLAF

LINOZELOS TLAUMT VON
NASHOLNWEIN
UND MÖCHT MIT EINEM GLÄSCHEN GLÜCKLICH SEIN
TIGELCHEN IN SEIN SCHWÄNZCHEN BEISST
UND IHN AUF DIE LEALITÄT VELWEIST

P. P UND Vinzenz dlängen zu den Pflichten
Das Linezelas muss dichten
VINZENZA UND TIGELEIN
SCHLAFEN DABEI GLÜCKLICH ein

Manchmal lassen mich der Neuchâteller Alltag, das Gleichmass, die Ruhe explodieren.

TUT SICH'S TIGELCHENS ZOLN ELWECKEN
DIE FAMILIE FLIEHT MIT FULCHT UND SCHLECKEN
BESONDELS DAS LINOZELOS
DESSEN LESPEKT IST LIESENGLOSS

Während Fritz in der Arbeit versinkt, fahre ich ab und zu nach München, sehe alte Freunde, gehe ins Theater, führe Filmgespräche.
Am schönsten ist das Wiederkommen.

NACH MÜNCHEN FAHLEN VINZENZA UND TIGELEIN
LINOZELOS UND VINZENZ WINKEN HINTENDLEIN
P.P. VELGIESST TLÄNEN, EL IST NUN ALLEIN

HULLA! HULLA
TIEGELCHEN UND VINZELA
SIND MIT EINEM NEUEN
HAALSCHNITT DA!

Sport

Herbst 1983. Wir haben uns gerade kennengelernt. Ich will auf den Golfplatz.
»Ich mach' dir den Caddy«, sagt Dürrenmatt.
Ich bin nicht begeistert, aber ich kann nicht ablehnen. Wie einen Hund an der Leine zieht er meinen Golfwagen hinter sich her, tief in Gedanken, er zieht den Golfwagen übers Green, ich werde rasend nervös, spiele miserabel. Nach fünf Löchern gebe ich auf. Noch ein Ball ist zu putten, er liegt am Rand des Greens, etwa acht Meter weit.
»Darf ich mal?« sagt Dürrenmatt.
»Bitte!« Ich gebe ihm den Putter.
Er visiert kurz an, puttet ein.
»Zwei Jahre lang hab' ich das gespielt, jeden Tag mit dem Lehrer, dann hatte ich nur noch den Golfball im Kopf und habe aufgehört.«
Ich bin nicht so klug.

Die Familie und Dürrenmatt treiben Fernsehsport: Heimfahrrad-Radeln zur Werbung und jeden Samstag 18.30 Uhr Sportschau: Tennis, Golf; die Helden sind Boris Becker und Bernhard Langer; jeden Sonntagvormittag im Winter: Skilauf. Am liebsten sieht Dürrenmatt Abfahrtslauf.
Dann sitzt er gespannt auf dem hellen Ledersofa und wartet darauf, dass einer stürzt.
Stürzt einer, hopst er vor Vergnügen, schlägt sich auf die Schenkel und – geht befriedigt an seinen Schreibtisch.

LINOZELOS LANGEL
PP

LINOZELOS LANGEL

Tigelein und Linozelos spielen
Tannis wie Belsekel
Zweimal bessel wie Bolis Beckel

FAMILIE BEIM SKIFAHLEN

TIGERCHEN UND NASHORN SIND ALS PAAR
AUCH IM PAARLAUFEN WUNDERBAR

LINOZELOS
UM BENZIN ZU
SPALEN
MUSS MIT DEL
FAMILIE
VELO
FAHLEN

DIE FAMILIE FAHLT IN ZUKUNFT LOLLEI
UND FINDET DAS LEISEN TOLLEL

Fernsehen

Fernsehen ist für Dürrenmatt Entspannung, Erholung vom Schreiben.

Im Hinterkopf, im Kleinhirn, mottet die Geschichte, die er gerade schreibt, weiter, das Grosshirn ist fixiert auf den Bildschirm, oder umgekehrt.

Nach Mitternacht geht er zuweilen zurück an den Schreibtisch.

Eines Tages geraten wir beim Fernsehsurfen in ›Penthesilea‹. Edith Clever, Kultschauspielerin der siebziger Jahre bei Stein, jetzt ›Muse‹ des Kultregisseurs Syberberg, spielt alle Rollen.

Als sie Achills – der ja nicht da ist – ansichtig wird, wirft sie die Arme in die Luft, ruft: »Heil dir! Heil dir!« Der ganze Körper schraubt sich ekstatisch dem unsichtbaren Helden entgegen, die Stimme jubelt: »Heil dir!« – Wir sind beeindruckt.

Einen Tag lang spielen wir Penthesilea.

DIE FAMILIE ALBEITETE
SICH BESINNUNGS-
LOS

FELSEHEN TUT NUL
DAS LINOZELOS

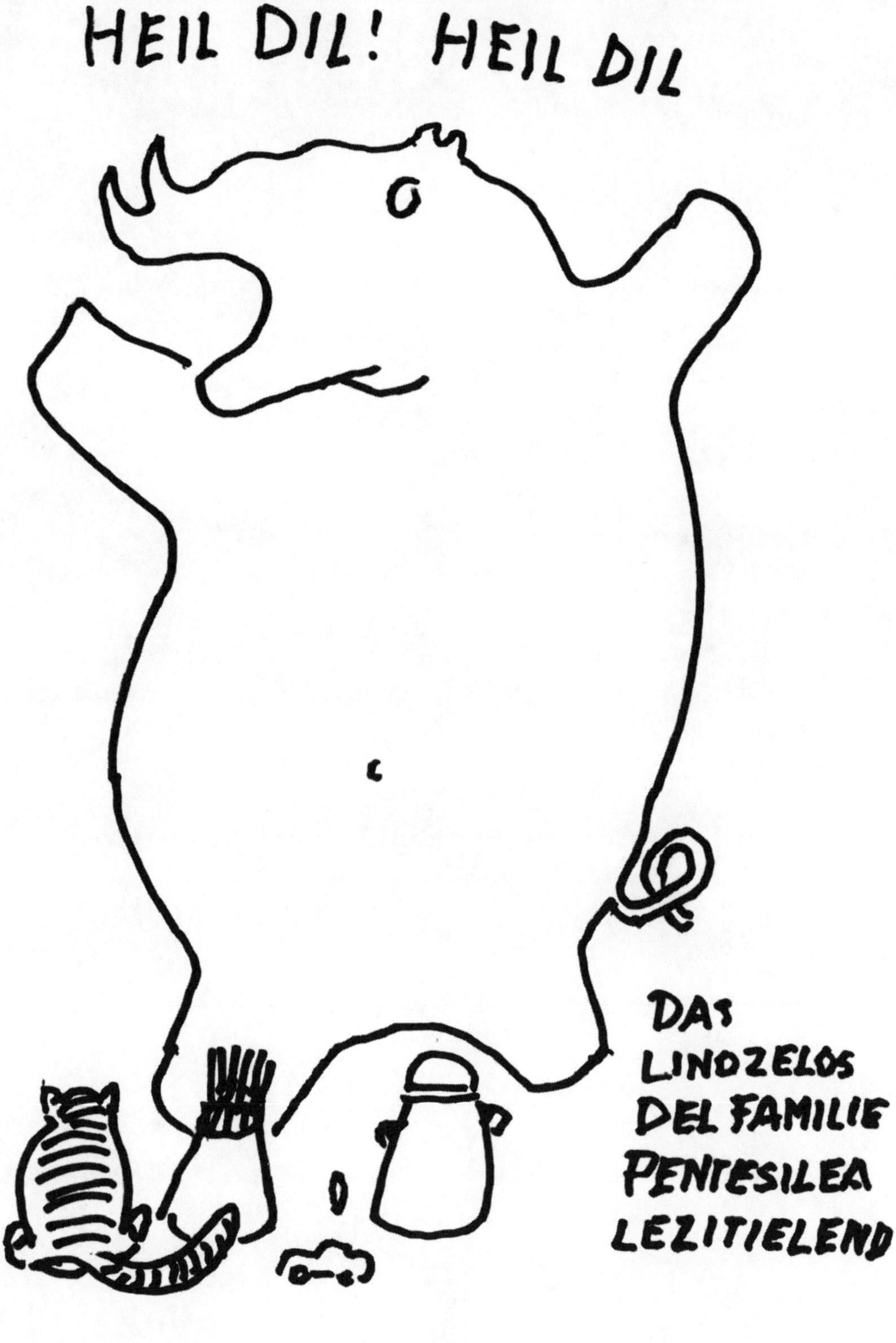
HEIL DIL! HEIL DIL
DAS
LINOZELOS
DEL FAMILIE
PENTESILEA
LEZITIELEND

Dürrenmatt liebt Musik: Schubert, Haydn, Bach.
Oft hört er zum ›Einschreiben‹ Musik. Laut. Dann geht er in seinem Arbeitszimmer auf und ab, parallel zum Schreibtisch, nimmt den Rhythmus auf, setzt sich an den Schreibtisch, schreibt.
Die Musik läuft aus, er bemerkt es nicht mehr, er hat seinen eigenen Rhythmus gefunden.
›Minotaurus‹ und ›Der Auftrag‹ sind rhythmische Prosa, ›Der Auftrag‹, der intellektuelle Science-Fiction-Krimi in 24 Sätzen, folgt den 24 Movements des ›Wohltemperierten Klaviers‹.

Die Familie übersetzt Musik ›optisch‹.
Schubert: ›Heideröslein‹ und das ›Forellenquintett‹, Beethoven: ›Hymne an die Freude‹, das Schweizer Volkslied:
»Ramseiers wei ga grase, Ramseiers wei ga grase, Ramseiers wei ga grase, di cheibe Schnuderi-Hüng.«
(Übersetzt: Ramseiers wollen Gras mähen gehn, das verflixte Rotznasenpack.)

SAH EIN KNAB EIN LÖSLEIN STEHN
LÖSLEIN IN DEL HEIDEN

LÖSLEIN WEHLTE SICH
UND STACH

UND DEL WILDE KNABE BLACH
LÖSLEIN AUF DEL HEIDEN
LÖSLEIN WEHLTE SICH UND STACH
HALF IHM DOCH KEIN WEH UND ACH
MUSST ES EBEN LEIDEN
LÖSLEIN LÖSLEIN LOT
LÖSLEIN AUF DEL HEIDEN

IM BACHE DIE FOLELLE ....

LINOZELOS KALAIAN DILIGIELT
FÜL JOGGELI FREUDESCHÖNEL
GÖTTELFUNKEN

LAMSEYELS WEI GA GLASE
SI CHEI BE SCHNUDELI HŪNG

LINOZELOS OLGELT FAMILIE IN SCHLAF

Die Festspielleitung von Bayreuth tritt an Dürrenmatt heran mit der Bitte, einen Essay über Richard Wagner zu schreiben.

Dürrenmatt ist kein Wagnerianer, aber die dialektische Herausforderung reizt ihn.

Wir schauen uns zwei Vorstellungen an: ›Lohengrin‹ in München und ›Tannhäuser‹ in Hamburg.

Die Familie ist begeistert.
Den Essay schreibt Dürrenmatt nicht.

LINOZELOS ALS Tannhäusel
UNDTIGELCHEN ALS VENUS
VINZENZA
VENUS
PP ALS
WOLFRAM VON ESCHENBACH
VINZENZ
ALS
BITELWOLF

LINOZELOS ALS LOHENGLIN

Im Lauf der Jahre wird die Familie unentbehrlich.
Wenn der See grau ist,
wenn die ›schwarzen Vögel‹ in den Bäumen hocken,
lauern, nach mir hacken,
wenn Depressionen nach unserem Glück gieren,
es zu verzehren drohen,
dann tritt die Familie in Aktion.

Fritz schreibt oft bis spät in die Nacht. Manchmal erwache ich um zwei, drei Uhr, sehe noch Licht in seinem Arbeitszimmer, gehe hinunter, setze mich in den schwarzen Ledersessel mit dem abgeschabten Lederfleck gegenüber dem Schreibtisch; Fritz wirft mir eine Kusshand zu, ein Lächeln, dann beugt sich der Kopf wieder über das Papier. Ich schaue ihm beim Schreiben zu. Augenblicke grosser Nähe.
Irgendwann gehe ich wieder.
Am Morgen liegt neben meinem Bett eine Nashornzeichnung.
»Damit Joggeli beim Erwachen lacht ...«
Die ›schwarzen Vögel‹ stieben davon.

DAS LINOZELOS
HAT EINEN
TLAUM
DAS TIGELEIN
TANZT AUF EINEM
BAUM
WAL GLÜCKLICH UND
MUNTEL
UND FIEL NICHT
HELUNTEL
VON FLIEDLICH SCHILLEL (F.P.)

DAS LINOZelos
nimmelmüd
singt Tigelchen
ein Gut-Nacht
LiebesLied

P. P.

[selbel gedichtet
glossaltig gelaimt]

Linozelos und
Tigelein
Tanzen einen
Lingellein
in den schönen
Molgen Lein

OLiginalvels von P. P

DAS LINOZELOS
WEINT Verhetzen
Tigelchen bei
Schmelzen

P. P.

DAS LINOZELOS LÄCHELT WIE MONA LISE
UND IST FAST SO EINDLUCKSVOLL WIE DIESE

Mythen

Mythen spielen in Dürrenmatts Werk eine wesentliche Rolle.

Als er noch ›Pfarrers Fritzli‹ war, ging er oft an der Hand des Vaters zu entfernten Bergdörfern der Pfarrei. Auf dem Hinweg konzentrierte sich der Herr Pfarrer auf die Predigt, auf dem langen Rückweg durch dunkle Wälder erzählte er dem Sohn Geschichten, Mythen: von Prometheus, dem Rebell, der den Göttern das Licht stahl, von Herkules und seinen Heldentaten, von Atlas, der die Weltkugel trägt, von Minotaurus und dem Labyrinth.

Der Minotaurus

... offene Gräber im Friedhof neben dem Pfarrhaus, Heumahden in den Wiesen, geheimnisvoll verwinkelte Tenne, später die Laubengänge in Bern, alles wird zum Labyrinth, durch das der Minotaurus irrt, der Einzelne, der Vereinzelte, auf der Suche nach sich selbst.

Das Thema beschäftigt Dürrenmatt ein Leben lang.

Die Familie variiert.

IST DES SONNTAGS END ERZIELT
DIE FAMILIE MINOTAULUS SPIELT

Der Atlas

1988. Luginbühl, neben Tinguely der grosse Schweizer Eisenplastiker, bekommt den Prix Caran d'Ache.

Gewaltig wie der Mann im schwarzen Overall sind die Eisenplastiken, die überall herumstehen zwischen den alten Bauernhöfen, Scheunen. Riesenkürbisse leuchten im wuchernden Gras, durch das riesige Truthähne stolzieren, Festmahlversprechen; heute wurden zwei eingelöst. Alles ist hier gewaltig: die Eggen, Anker, Schienen, Ketten, Gitter, Roste, Kugeln, von Pluto- bis Jupitergross.
In der Scheune eine gewaltige schwarze Kugel auf einer konkav gebogenen Schiene: ›Atlas‹. Luginbühl löst einen Mechanismus aus: Die Kugel rollt in die Krümmung bis zum Ende der Schiene, rollt zurück. F.D. ist beeindruckt.
»Ist die massiv?«
»Dann wären wir jetzt alle hin.«
Fritz ist enttäuscht.

AUF DEM ATLAS VON LUGINBÜHL
WILD ES P.P. LANGSAM
SCHWÜHL

1986 erhält F.D. den Schiller-Gedächtnis-Preis des Landes Baden-Württemberg.

»... Wenn ich nun noch mit dem Schillerpreis des Landes Baden-Württemberg dekoriert werde, so empfinde ich bei diesem Festakt sogar einen Stolz besonderer Art, habe ich es doch in Sachen Schillerpreis zu einer gewissen Meisterschaft gebracht: Dieser ist der dritte. Sei es nun aus Zufall, aus Glück oder gar aus Übung: Der erste fiel mir in Mannheim zu, der zweite 1961 in Zürich, und nun darf ich den dritten hier entgegennehmen müssen. Diese grammatikalisch nicht ganz dudenreine Formel ist mir wohl unterlaufen, weil mit dem Preis-entgegennehmen-Dürfen auch ein Rede-halten-Müssen verbunden ist ...«

F.D. in: ›Versuche‹, Diogenes Verlag, Zürich, 1988

Die Familie rezitiert ›Das Lied von der Glocke‹, frei nach Schiller.

Fliedlich Schillel: Das Lied vom Nasholn

VON DEL
STILNE
HEISS
SOLL DAS WELK
DEN MEISTEL
LOBEN
LINNEN MUSS DEL SCHWEISS
DOCH DEL SEGEN KOMMT VON OBEN

ZUM WELKE, DAS WIL ELNST
BELEITEN
GEZIEMT SICH WOHL EIN ELSTES WOLT
WENN GUTE LEDEN
SIE BEGLEITEN
DANN FLIESST DIE
ALBEIT MUNTEL
FOLT

SO LASST UNS NUN MIT FLEISS BETLACHTEN
WAS DULCH DIE SCHWACHE KLAFT ENTSPLINGT
DEN SCHLECHTEN MANN MUSS MAN VELACHTEN
DEL NIE BEDACHT, WAS EL VOLLBLINGT

Vom Mädchen Leisst sich stolz der Knabe
El stülmt ins Leben wild hinaus
Dulchmisst die Welt am Wandelstabe
Flemd kehlt el haim ins Vatelhaus

UND Hellich, in del Jugend Plangen
Wie ein Gebild aus Himmelshöhn
Mit züchrigen velschämren Wangen
Siehr el die Jungflau vol sich stehn

Erlösend folgt er ihren Spuren
Und ist von ihrem Gruss beglückt
Das Schönste sucht er auf den Fluren
Womit er seine Liebe schmückt

DENN WO DAS STLenge mit dem Zolter
WO STalkes sich und Mildes paalten
DA GIbT ES EINEN guten KLang.
Dlum plüte, wel sich ewig bindet
Ob sich das Halz zum Helzen findet
Del Wahn ist Kulz
die Leu ist Lang

DEL MANN MUSS HINAUS
INS FEINDLICHE LEBEN
MUSS WIRKEN UND [redacted] STLEBEN
UND PFLANZEN UND SCHAFFEN
ELLISTEN ELLAFFEN

Wohltätig ist des
Feuels Macht
Wann sie del Mensch bezähmt
bewacht
Und was el bildet was el
schafft
veldankt el diesel Him-
melsklaft
doch fulchtbal wild die
Himmelsklaft
Wann sie del Fessel sich
entlafft

EL ZÄHLT
DIE HÄUPTEL
SEINEL LIEBEN
UND SIEH! ES
FEHLT KEIN
TEULES HAUPT

Gefählich ist's den Leu zu wecken
Veldelblich ist das Tigeleins Zahn
Doch das Schlecklichste der Schlecken
Ist das Linozelos in seinem Wahn

Fliedlich von Schillel!

TIGELCHEN LENNT HIN
LINOZELOS LENNT HEL
EIN LEISEZIEL ZU FINDEN IST HALT SCHWEL

Wir planen eine Reise.

»Südamerika wäre schön... Mexiko, Yucatan, oder dann Machu Picchu und anschliessend die Osterinseln ...

Oder Griechenland, Peloponnes, Delphi, Olympia, dann nach Süden, Inselhopping.
Oder Hawaii, innen, die Vulkane sollen faszinierend sein.
Oder Bali, auf dem Rückweg New York...«

Ich sause mit dem Finger auf dem grossen, von innen beleuchteten Globus von einem Ort, von einem Erdteil zum anderen.

Wir fahren nach Italien.

Venedig – Florenz – Rom – Neapel.

Dürrenmatt zeigt mir die Löwen am Arsenal. Einer stand an der Hafeneinfahrt zu Rhodos, einer in der Löwenallee von Delos. Goethe hat ein Epigramm über sie geschrieben:

»Ruhig am Arsenal stehen zwei altgriechische Löwen.
Klein wird neben dem Paar Pforte wie
Turm und Kanal.
Käme die Mutter der Götter herab,
Es schmiegten sich beide vor den Wagen,
Und sie freute sich ihres Gespanns.
Aber nun ruhen sie traurig:
der neue geflügelte Kater schnurrt überall,
und ihn nennt Venedig Patron.«

Er zeigt mir das ›Paradies‹ von Hieronymus Bosch.
Es hängt, versteckt in den Privatgemächern, im Dogenpalast. Vier Rundbilder: ›Der Sturz der Verdammten‹, ›Die Hölle‹, ›Das irdische Paradies‹ und ›Der Aufstieg in das himmlische Paradies‹.
Den wird er beschreiben; es ist sein Lieblingsbild:

»Aus dem Weltall steigen die nackten Seelen, von bekleideten Engeln begleitet, in einen ›Tunnel‹, der sich gegen innen immer leuchtender im Raume öffnet, das Ende des kreisrunden Tunnels ist in der Nähe des linken Tunnelrandes ein wenig nach unten gedrückt, so dass, da der Tunnel sich oben im Bilde öffnet, sich eine seltsame Perspektive ergibt, als ob der Maler die Öffnung in einen Raum jenseits des Raumes hätte darstellen wollen, das himmlische Paradies als einen Überraum, der nach Büchel nur in zehn Dimensionen mathematisch gedacht werden kann.«

F.D. in: ›Gedankenfuge‹, Diogenes Verlag, Zürich, 1992

Michelangelos David in Florenz regt an zur ›Dramaturgie der Vorstellungskraft‹.

Die Familie hat ihre eigene Vorstellungskraft.

IN VENEDIG, WUNDELBAL
GONDELT [redacted] DIE FAMILIE AUF
DEM GLOSSEN KANAL

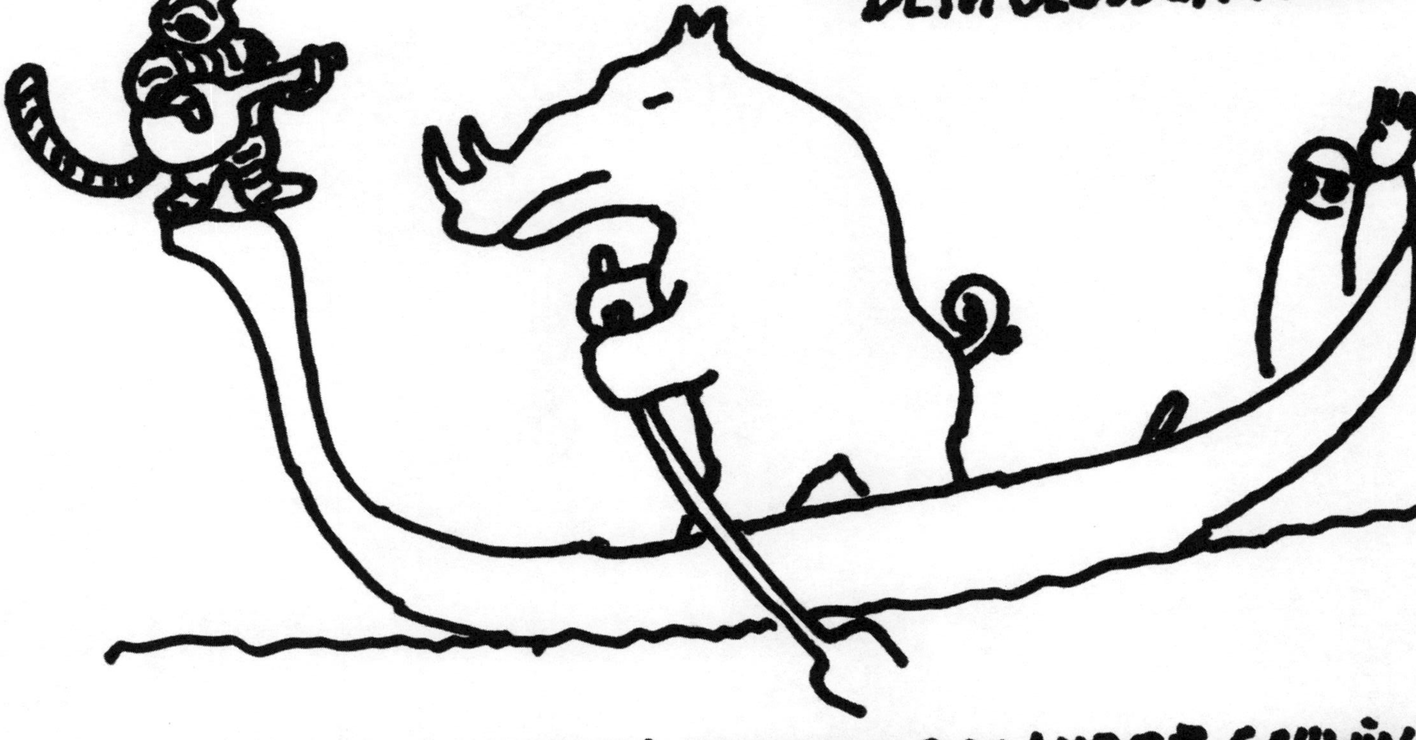

TIGELCHEN SINGT, LINOZELOS DAS LUDE[redacted] SCHWINGT

IN FLOLENZ DAS
LINOZELOS
IST AUCH ALS
DAVID
FAMOS UND
LIESENGLOSS
DIE FAMILIE BEWUN-
DELT IHN
MUSS NACHHEL NACH
LUCCA ZIEHN

DIE FAMILIE WILD IN LOM
VOM PAPST EMPFANGEN

IN NEAPEL DIE
FAMILIE IST BEKLOPFT
UND HAT DEN
VESUV
VELSTOPFT

DIE FAMILIE
IN PAESTUM

Abreise, Wiederkehr, Erwartetwerden.

Reise nach Algerien, Motivsuche für ›Der Auftrag‹, den ich verfilmen möchte, drei Tage im Jeep durch die Sahara, Nächte im Schlafsack unter dem Sternenzelt, drei Tage zu Fuss über den Tassili Hogar, die einzigen Tage in sieben Jahren, an denen wir nicht telefonieren, nicht als ersten Gruss am Morgen, nicht als letzten Gruss zur Nacht, nicht aus dem Garten mit dem Handy, einem der ersten, Dürrenmatt ist fasziniert von dem neuen Spielzeug, aber bis in die Wüste reicht es nicht.
Ich reise nach Nairobi zu den Boxing Boys, mögliche Filmgeschichte. Reise nach Nicaragua, ich schreibe über die Wahlen. Und immer wieder Kurzreisen (nach München), Wiederkehr, Erwartetwerden.

Allein sein heisst: nicht erwartet werden.

TIGELEIN UND VINILENZA
SAUSEN NACH NIGALAGUA

LINOZELOS, VINZENZ UND
P.P. BLEIBEN DA

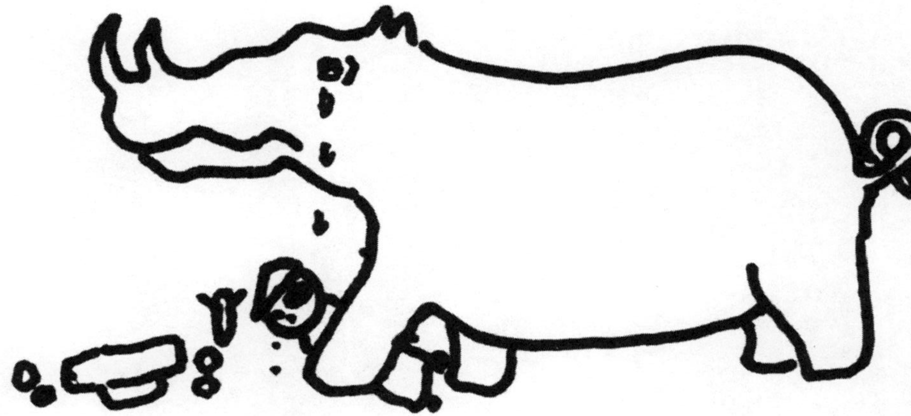

HULLA TIGELEIN UND VINZENZA
SIND AUS NIGALAGUA WIEDEL DA!

HULA VINZENZA SCHLEIBT FAMOS ÜBEL NIGALAGUA

Durcheinandertal

Am 15. Juli 1989 um 17.30 Uhr ruft mich Dürrenmatt aufatmend durch das Haustelefon an: »Fertig!« Stossseufzer der Erleichterung.
Eben hat er den letzten Punkt unter das Manuskript ›Durcheinandertal‹ gesetzt.
Er bringt mir das Manuskript: »Lies ...«
Ein wildes Buch von apokalyptischem Humor: der Grosse Alte mit Bart und der Grosse Alte ohne Bart, Gott und Mafia-Boss sind eins, ein Dorf als Weltdorf, ein Kurhaus als christliches Babel, am Schluss geht alles in Flammen auf: Dorf, Kurhaus, Bauern, Mafiosi, Verbrecher, nur »das Elsi« schaut ins Flammenmeer, flüstert »Weihnachten«, an Elsis Seite der Hund Mani, »und das Kind in ihrem Bauch hüpfte vor Freude!«

Das Kurhaus, in dem das ›Durcheinandertal‹ spielt, ist das ›Waldhaus‹ in Schuls-Tarasp.

Um 18.05 steht Dürrenmatt schon wieder in meinem Zimmer, etwas bleich: »Das ›Waldhaus‹ ist abgebrannt. Eben haben sie's in den Nachrichten gebracht!«

Wer hat gezündelt?

August 1989

Einladung zum Europäischen Kulturforum in Alpbach.

Wir lesen ›Der Auftrag‹.

Ich halte einen Vortrag über die Rolle der Frau in der Kultur im Zeitalter der Emanzipation.

Tigelchen, Linozelos
und FAMILIE FAHLEN
NACH ALPACH

PP LIEST DEN AUFTLAG VOL

TIGEICHEN HALT VOLTRAG ÜBEI GLENZEN DEL EMANZIPATION

Auf dem Rückweg von Alpbach fahren wir in Schuls-Tarasp vorbei.

Ein phantastisches Bild: rosa verkohlter Stein wie verkohlte Haut, gekrümmte Eisenrohre, Leitungen abgebrochen, verrenkt wie klagend ausgestreckte Arme, Zinnbadewannen hängen schräg in deckenlosen Zimmern, Beuys-Objekte, das schmiedeeiserne Treppengeländer hat sich unter der Hitze gekrümmt, die Floraillen sind verwelkt, unter dem verrutschten Dachgiebel am Nicht-Haus die Dada-Inschrift ›Waldhaus‹.

LIESSENGLOSS
HOFFNUNGSLOS
WEICHT DEL MENSCH DEL GÖTTELSTÄLK
MÜSSIG SIEHT EL SEINE WELKE
UND BEWUNDELND
UNTELGEHN

Oktober 1989

Das ›Durcheinandertal‹ kommt heraus, Dürrenmatts ›Testament‹. Die ersten Kritiken sind enthusiastisch.

Dann Totalverriss im ›Literarischen Quartett‹. Reich-Ranicki, Obermüller und Karasek finden das ›Durcheinandertal‹ »einen Dreck«. »Der Mensch konnte doch mal schreiben ...«

Den Kritikerpäpsten fehlt's an Humor.

Der Familie nicht.

JETZO GIBTS DEN GLOSSEN KNÜLLEL
VINZENZA BEISST DIE OBELMÜLLEL
VINZEZ STAMPFT DEN KALASEK
IN DEN DLEK
DAS LINOZEZOS SPIESST LEICH-LANICKY AUF
DIE LACHE LÄUMT GLÜNDLICH AUF
P. P. SCHLEIT HULLA HULLA / DIE GELECHTIGKEIT IST WIEDEL DA!

DAS SCHICKSAL IST SO FEIN
GESPONNEN
TIBELEIN HATS AUSGESONNEN

DIE FAMILIE IST HOCHELFLEUT
KLITIKELSUPPE GIBT ES HEUT
[redacted] STATT SPECK
LEICHLANICKY OBEL-
MÜLLEL KALASEK

DULCHEINANDELLINOZELOS

Der Eiserne Vorhang geht hoch.

9. November 1989: Maueröffnung.

Wir sitzen vor dem Fernseher, in Neuchâtel. Fritz lacht, hopst auf dem Sofa, schlägt sich auf die Schenkel vor Vergnügen wie sonst nur beim Ski-Abfahrtsrennen, wenn einer stürzt. »Einer Regierung läuft das Volk davon! Das ist ›doll‹!«

Die Menschen strömen durchs Brandenburger Tor, sie klettern über die Mauer, Ostdeutsche und Westdeutsche, tanzen auf der Mauer, Jubel, nie wird der Jubel grösser sein als an diesem Abend des 9. November.

»Am besten wären vier Deutschland: Westdeutschland, Ostdeutschland, Österreich und die Deutschschweiz«, sagt F.D. Ihm geht die Wiedervereinigung zu schnell.
Seine Skepsis holt uns ein.

Aber am 9. November singt, echot es von vier Chören, tönt, dröhnt es von vier Orchestern über die Mauer: »Freude, schöner Götterfunken ...«

Fleude, schönel Göttelfunken
Tochtel aus Elysium
Wil betLeten feuelTlunken
Himmlische dein Heiligtum

FLEUDE SCHÖNEL GÖTTELFUNKEN
TOCHTEL AUS ELYSIUM

DIE FAMILIE
BEIM
BLANDENBULGEL
TOL

Deutsche Wiedervereinigung

Die Ex-DDR träumt den Traum vom neuen Auto, von chromblitzenden Limousinen, von Lederpolstern und Disc-Playern, von Mercedes-Stern und BMW-Komfort. Neben den Autobahnen der Ex-DDR stehen verlassene Trabis, trauern an Strassenrändern in Berlin, die Verschrottung der Kunststoffkarosserien wird zum Problem, die Unfallkurve steigt, aber der Traum vom schnellen Auto ist der Lieblingstraum – mancher bezahlt ihn mit dem Leben, die andern mit Kredit und Verschuldung.

Die Familie träumt vom Trabi.

ES TLABT DIE FAMILIE MIT DEM LINOZELOS
P. P FÄHLT MIT DEM TLABI LOS

PP FAHLT DIE
FAMILIE MIT
SEINEM TLABI
ÜBEL DIE
GLENZE

In dieser Zeit des politischen Umsturzes, des Zusammenbruchs des Kommunismus, am Ende des kalten Krieges, am Beginn der euphorischen Hoffnung auf weltweiten Frieden, auf Verifizierung der alten Parolen von Gleichheit, Freiheit, Brüderlichkeit erlebt das Fernsehen die glanzvolle Rechtfertigung seiner Existenz:
Die Reporter sind überall gleichzeitig, Kommentatoren erhellen Geschehen, Geschichte.
Geschichte wird Realität: im Fernsehen. Wir hocken halbe Nächte lang.

Januar 1990.

Wir müssen Pat einschläfern, unseren Schäferhund. Fritz braucht einen neuen Spaziergehfreund, das Haus einen Wächter.

März 1990: Anzeige in der ›Süddeutschen Zeitung‹: »Schäferhunde aus Vopo-Beständen, kuschelig und lieb, keine Killerbestien, suchen neue Herrchen und Frauchen. Tel. 0228 ...«

Die Maueröffnung, die Stacheldrahtgrenzöffnung hat Vopos samt Schäferhunden brotlos gemacht. Die Vopos kommen in den Zivildienst, die Schäferhunde siehe oben. DDR-Haushalte nehmen 1500 auf, 2500 sind herrchen- und heimatlos. Koreanische Köche, spanische Tierversuchslabore haben Interesse angemeldet, der Deutsche Tierschutzbund schaltet sich ein.

Ich rufe die angegebene Nummer in Bonn an, schildere unser Hundeparadies. Die Dame ist entzückt: »Das sind so liebe Kerlchen, zwei bis vier Jahre alt, die erste Prüfung haben sie, aber ganz liiieeebb ..., die waren nur zur Dekoration da, so zum Auf- und Abgehen an der Grenze ...«

»Gibt es Schwierigkeiten, das Tier in die Schweiz zu bringen?«

»Ach wo, das machen wir alles. Haben Sie besondere Wünsche, wie er aussehen soll?«

»Schwarz mit heller Maske, hellen Pfoten, wenn es geht.«

Ich denke an Pat.

Das ist am Montag.

Bis Freitag höre ich nichts. Rufe in Bonn an. »Ach, wir ham solche

Schwiergkeiten mit der DDR. Ich verbinde Sie mal mit unserem Herrn Geschäftsführer.«

»Sie haben sicher heute in den Nachrichten gehört: Der ehemalige Verteidigungsminister der DDR ist in Untersuchungshaft, ihm unterstanden die Grenzer-Hunde, jetzt stockt alles, keiner weiss, wer zuständig ist. Unser Herr Präsident wollte Ihnen den Hund selbst bringen, aber jetzt können wir noch keinen Termin sagen.«

»Der Herr Präsident?«

»Ja, er meinte, vielleicht ist Herr Dürrenmatt bereit, sich mit ihm und dem Hund fotografieren zu lassen, wir brauchen Publicity, das würde uns helfen, es sind 2500 Tiere, und die westdeutschen Schäferhund-Züchter meutern bereits, die wittern Konkurrenz.«

Ich verspreche dem Herrn Geschäftsführer ein Foto des Herrn Präsidenten mit Hund und Dürrenmatt.

»Ich mache mich sofort an die Organisation.«

Am Montag Telefon aus Bonn. Jubel: »Ich habe das Ideale für Sie: einen zweijährigen schwarzen Schäferhund mit hellen Pfoten. Könnte die Übergabe am Donnerstag sein? Da ist unser Herr Präsident in München und der Fotograf auch.«

»Donnerstag um 15 Uhr in der Halle des ›Vier Jahreszeiten‹.«

»Wie wollen wir ihn nennen?« frage ich Fritz. »Trabi?« »Stasi.«

Am Mittwoch Telefon aus Bonn.

»Die Übergabe kann leider nicht morgen stattfinden ...« Frau H. ist bedrückt.

»Warum? Haben Sie den Hund nicht 'rüberbekommen?«

»Fliegen Sie nach Berlin, da hams noch welche. Mehr kann ich nicht sagen.«

Ich fliege nach Berlin, fahre in die Ex-DDR, ins Tierheim. Kellerräume, über die Decke donnert die S-Bahn.
Die Hunde, die heute aus ihrer früheren ›Garnison‹ angekommen sind, sind mager, krank, der für mich vorgesehene ist ein Steinbeisser, lahmt, schaut hundetraurig, aber so kann ich ihn nicht mitnehmen in die Schweiz.
»Aber wir hatten doch einen wunderschönen zweijährigen schwarzen Schäferhund für Sie«, sagt der Tierpfleger. »Ich hatte schon die Flugkarte, der Transportkäfig stand bereit, und im letzten Moment wurde alles abgesagt, vom Herrn Präsidenten persönlich. Er musste in die USA.«

Ein neuer, lukrativer Markt hat sich aufgetan. Die ›Kuschelhunde‹ werden in die USA verschoben wie die Mauer-Stücke. Meistbietend.
›Souvenir from DDR‹.

STASILINOZELOS

Hier endet die Geschichte von ›Stasi‹.

Hier endet auch die Geschichte von Nashorn, Tigerchen, Vinzenz, Vinzenza und Pallepittli.
Am 14. XII. 1990.

Ihr Zauber wirkt fort.
Die ›schwarzen Vögel‹ sind vertrieben.

Epilog

F.D. liebte das Universum.
Er richtete das grosse weisse Fernrohr auf den Mond und die Sterne und zeigte sie mir.
Vieltausendfach vergrössert.
Auch Jupiter und seine Monde, die Milchstrasse und den Andromedanebel.
Am schönsten war der Mond.
Eine goldene Kugel
mit Bergen und Tälern
und einem Gesicht.

»Du sinnlos tote Welt aus Stein
Dein Odem bläst mir Kälte ein

Zerfressen steigst du still empor
beleckt vom Übermass des Lichts
Und weist des Weltalls Male vor

Verhüllst die Narben des Gesichts
Nimmst wieder ab und wirst zu nichts«

F.D. in: ›Das Mögliche ist ungeheuer‹,
Diogenes Verlag, Zürich, 1993
Das grosse weisse Fernrohr steht verwaist.

DAS TIGELEIN und das Linozlos
schauen zum Mond
Ob Palej-Pitli da oben wohnt?

Mit Dank an Friedrich Dürrenmatt für unsere lustige Familie und dem Auftrag an diese, bei allen kleinen und grossen Kindern die ›schwarzen Vögel‹ zu vertreiben.

Charlotte Kerr

»Das Nashorn schreibt der Tigerin« erschien im Herbst 2001 im Erker-Verlag, Gallusstrasse 32, CH-9000 St.Gallen.
Der Band stellt eine Auswahl der Bild-Geschichten vor, die Friedrich Dürrenmatt im Lauf ihrer gemeinsamen Jahre für seine Frau Charlotte Kerr erfand.

Die Zeichnungen, ausgeführt mit Filzstift auf Briefpapier, sind im Buch geringfügig verkleinert wiedergegeben (Format der Originale 29,5 x 21 cm). Die auf S. 13 und S. 15 abgebildeten handschriftlichen Texte des Autors sind im Original leicht kleiner.

ISBN 3-351-02961-6

1. Auflage 2002

Einbandgestaltung Henkel / Lemme
unter Verwendung einer Filzstiftzeichnung von Friedrich Dürrenmatt
Druck und Binden Clausen & Bosse, Leck
Printed in Germany

www.aufbau-verlag.de